시에 체하다

마음의詩 18

시에 체하다

초판인쇄 2007년 7월 20일
초판발행 2007년 7월 25일

지 은 이 이종섶 외 6인
펴 낸 이 김충규
펴 낸 곳 문학의전당
출판등록 제387-2003-00048호(2003년 9월 8일)

주　　소 152-841 서울특별시 구로구 구로 6동 97-1 로얄프라자 206호
전화번호 02-852-1977
팩시밀리 02-852-1978
블 로 그 http://blog.naver.com/mhjd2003
전자우편 mhjd2003@naver.com

ISBN 978-89-91006-67-6 03810

7인 시집

문학의전당

自序

바람이 드나드는 새벽
싹을 틔우지 못했던 어린 진달래 가지에 달빛이 맺혀있다
떨리는 몸으로 머물러 있는 한 생,
살아있는 동안 피었다 지기를 반복할 것이다

우린,
새벽길을 밝히는 은은한 행과 연이 되고 싶다
구름을 걷어낸 마른 가지마다 환한 美聲으로 피고 싶다
바람에 휘감긴 세상,
꺾이고 스러진 자리에 한 송이 빛이 되고 싶은 것이다

금방이라도
별이 지상으로 쏟아질 것 같은 새벽녘
우리가 아직 잠 못 이룬 까닭을 여기에 기록한다.

차례

최영환

윤경이

이종섶

백미경

김영 金鈴

조수일

김현진

최영환

1969년 서울 출생
1993년 『시세계』 신인상

시장통 그녀

바람에 섞인 반죽이 젖어 있다
밀폐된 공간을 서성거리는 기름 냄새
그녀를 수발하는 딸내미는
어미의 젖살을
흰 봉투 속에 꼬깃꼬깃 집어넣고 있었다
단돈 천 원에 팔려가는 삶의 내력,
간혹 눈발이라도 날리는 날이면
철판에 뭉개진 젖살은 푸른 딱지가 내려앉는다
명절 앞둔 시장 골목 한 귀퉁이
말을 잃은 어미의 등뼈가 바람에 휘어져 갈 무렵
늘어진 젖살을 뜯어내듯 비닐 장막엔
우수수 바람 우는 소리가 귀에 박힌다

눈이 또 온다
어디선가 흰 반죽이 떠다닐 것 같다

첫사랑

노쇠한 화장실 수도관 틈에 고여 있던 물이 솟기 시작했다
한 올 한 올 주름진 철근 틈에서
강렬한 힘이 마른 정강이 밑으로 스며들더니
은회색 타일바닥을 적시고 있었다
사는 동안 내 몸의 혈관이 머리와 발끝을 오가며
어느 한쪽이 관의 중심에 고였다가
굳게 다문 볼트에 막혀 썩어가는 걸 모른 채 살았던 것이다
낡은 돌기가 가끔은 쓸모없는 물건으로 전락하지만
물줄기를 품은 채 상처를 안고 살았던 관은
깊고 어두운 곳에서 빛도 없이 반짝이고 있었던 것이다
관의 줄기로 흐르는 녹물처럼
끝인가 싶어도
다시 오는 절망이어야
사랑을 말할 수 있을 것 같았다

여름산

날이 저물기 시작하면
구두 밑창에 타르 냄새가 배어 있다
꽃이 피기를 기다렸던 건 아니지만
내 울타리는 언제나 젖은 목을 내밀고 있을 뿐이다

억센 풀잎이 저편 물가를 향해 바람을 나르는 동안
야트막한 여름산은 이제 막 제 식구를 데리고
한낮의 거친 숨을 잠재우기 시작한다
문제는 그런 사실을 아무도 눈치 채지 못한다는 것이다
여름산은 늘 스스로 길들이면서 또는
은밀한 수행자처럼 살아왔기 때문이다
뜨겁고도 쓴 위액을 토하며 새순을 키우는 사이
달을 품은 협객처럼 조용하게 슬픈 눈빛을 보이며
그 나름대로 살아남기 위한 혈서를 쓰고 있는 것이다

별 좋은 날,
바닥에 고여 있던 물기가 바람과 함께 사라진 건
여름산이
부서질 듯 연약한
밑창 빠진 내 눈물을 거두어갔기 때문이다

장마

웬놈의 비가
시집 가 소박맞고 돌아온 딸년마냥 환장하게 퍼붓고 지랄이냐
내사
저 빗물 다 받아 먹고
콱, 자지러지게 죽어불랑께

어무이,
불어터진 그 젖가슴이나 추리소
시집 간 그 딸년 왔다가 도로 가것소

거문도 타령

시방도 징징거리는 뱃고동 소리만 들으면
목울대 밑바닥에서 울렁이는 가슴을 어찌할 수 없다는데,
시집 온 지 30년 세월
낡은 아랫도리엔
어느새 소금바람이 쏴, 밀려오고 있었다네
바다를 향해 온몸으로 우는 순간,
섬이 모질게 잡아 끌더라네
국숫발 하얀 거품처럼 들끓던 가슴
바다 깊이 들어가 울어도 보고
팬티 바람으로
새 떼처럼 훨훨 날아갈까 별 미친 짓을 다 해봐도
결국 이놈의 섬 하나 남더라는

흰 국숫발 같은 물살이
아지매 깊은 주름살을 닮아 있는 건
아마 그때부터였는지도 모른다네
꾸역꾸역 이마 맞댄 어선 밑구녕에
짠물이 흐르기 시작한 것도
아마 그때부터였는지도 모른다네

이백 원

한 번에 낚아 보려고 했다
고급 양주에서 은회색 터보 라이터까지
파리의 연인 조각상에서 밀려오는 청어 떼까지
천천히 압박,
숨죽인 포복으로 적의 진지를 침투하기 시작한다
매복지점에 이르러 공포탄으로 위협한 후
영화처럼 스릴 넘치게 목표물을 조준한다
베트남제 향수가 코끝을 자극했다
물 위를 걷는 순간
그만
바다를 쳐다보고 만다

바다가 저렇게 깊은 줄 처음 알았다

달빛 창가에 누워

좌로 굴러 세 번, 우로 굴러 두 번
또 다시 우로 굴러 세 번, 좌로 굴러 두 번
위장을 촬영하는데
강바닥에 누운 나는
간신히 뿌리 한 줌 내리고 서 있는 비운의 갈대가 된다
벌판을 울릴 듯한 음역의 공간에서
달의 점막주름 사이로 푸른 위액이 쏟아졌다
밤마다 울고 있던 고통의 물질이 파헤쳐지는 순간,
동여 맨 허리끈 위에 둥근 달이 떴다
어두운 조명이 온몸을 감싸더니
슬픈 점막 사이로 흰 눈물이 쏟아지고 있는 걸 알았다

또 다시 좌로 굴러 세 번, 우로 굴러 두 번
불 지필 틈도 없이 날아가는 새를 잡으려는데
회전하는 달은
아무도 모르게 덮어 두었던
오래된 위장을 훤히 들여다보고 있었던 것이다

아름다운 이별

뿌리를 드러낸 가로수가 줄기 사이로 박힌 몇 줌의 흙과 함께 파헤쳐진 후, 어디론가 팔려가고 있었다 제 몸을 드러낸 바닥에 꽃이 떨어진다 새로 산 구두 밑창에 남아 있던 그 흙이 첫사랑 끝에 이별하는 여인의 얼굴을 닮아 있다 저 혼자 산소를 공급하던 늙은 나무도 한때는 봄볕에 서서 사랑하는 이와 은밀히 부리를 맞대고 있지 않았던가 결국, 허옇게 밑동이 잘리고 바람의 부스러기 끝에 눈물이 고이기 시작한다 소금밭에 앉아 스스로 몸을 태우지 않으면 병이 되기 때문이다

상처를 털어내기 위해 나무는 바람에 기대어 흔들고 있었을 것이다 장작불 속 새 떼처럼 이별을 물려준 채 바다로 떠난 후, 가로수는 주인 없는 달밤에 나와 홀로 이별을 배웠을지 모른다 목숨 끝에 이제는 한 삽의 흙으로 남은 얼굴을 하고서 잘린 무게를 이끌며 팔려가는 저 붉은 속살, 마른 흙 툭툭, 털어내며 아름다운 이별을 하는 것이다

윤경이

1952년 강원 영월 출생
2005년 『창조문예』 등단
2007년 들소리 문학상

메밀꽃

등짐지고 끌려 간
지아비 발자국 환청幻聽 소리에
메밀꽃 벙글어져 출렁이는 밤
칭칭 동여맨 고름 쥔 손으로
사립문을 밀친다
둥둥둥 가슴을 치다가 떨어지는
빈 물레방아 저 혼자 돌아간다
빈 젖 물려 아이 울음을 달래주던
서러운 여인의 한숨처럼
술술술 싸락눈 뿌려 놓은 듯 메밀밭이
대낮처럼 밝다

마당가, 멀뚱하니 서 있는
금이 간 오지항아리 밑에는
세월 모르고 쥐며느리들 오골거린다

아그배
–화개 장터에서

여름날 소나기에
울어대던 떡갈나무
월장하는 달빛에 후줄근한 몸을 말린다
발설하지 못할 통증으로
홍역 같은 열꽃을 피우면
벌, 나비 몰려와 아름다운 수작을 건다
못이기는 체
심장에 총알 하나 꽝, 박는다

곱잖은 눈길에
초대 받지 못한 손님처럼
화개장터 아그배
온몸 멍울져 시린 진물로 깊어진다
저편 숲으로 날아가는 해오라기가 부럽다
장터를 서성거리던 나그네
여름내 비탈진 변방에서
홀로 알몸 익혀도
단물 들지 못한 서러움을
맑은 유리병에 주섬주섬 쓸어 담는다
산그늘 물소리 깊어지고

문밖 엷은 햇살 기웃거리면
그제사 꽃무늬 고운 찻잔에
찰랑 제 몸 담가
또 하나의 계절을 무르익힌다

상흔의 향기

아슬하니 꽃을 피운다
햇살에 꿴 이슬방울 겹겹 가시를 뚫고

꽃 진 자리마다
젖꼭지 같은 열매를 달아 놓는다
매인 마음보다
맨 마음이 더 아프다는 것을
열매는 알고 있다
상처 받는다는 것은
사랑하기에 얻는 환한 아픔이라며
탱자 한 알 툭, 땅에 떨어진다
상흔의 화문이다
낮달, 서녘이 낳은 핏덩이를 안고 간다
저 너머 길이 환하다

겨울 강가에서

세월의 잔상 털어내는 소리에
무심코 올려다 본 것이
그만, 울음까지 듣고 말았다
하늘이 저 혼자 날아와
서성거리며 입술을 깨문들
일렁이는 그림자 어를 수 있을까

강, 쩡 쩡
속 두께 더하는 밤
달빛이 쌓아 놓은 소리를 밟고
다시 돌아와 불을 켠다

사색의 늪을 유영하다
서로 몸을 포개어
제 그림자를 끌고 오는 소리
눈이 내린다

허기진 도시

담쟁이넝쿨
담장 너머 손을 뻗치고
빌딩 숲 사이를 비집고 들어온
햇살을
참새가 날아와 쪼아 먹는다

흡연 구역을 찾아
이불 홑청 같은
연기를 훅훅 뱉는 사내들
이집트 미라처럼 삭아 비틀린
등짐을 버려야
구름을 낚을 수 있다며
손바닥만 한
청람 빛 하늘을 바라본다
담쟁이넝쿨 쉼 없이
담장 너머를 뻗어나가고
사내들의 한숨은
연방 허기진 숲을 떠돌고

환절기

지폐 몇 장 노파의 복대에서
마른 가랑잎처럼 서걱거린다
눈물 다 말라버린 얼굴에
검버섯이 죽은 거미처럼 매달려있다
굴피나무 같은 손이 점자책 더듬듯
하루를 붙잡는 올무
굽은 등짝에
도라지는 하얗게 몸살을 앓는다
먹구름 제 몸을 찢어 싹을 틔우고
새물내 나는 허연 옷을 갈아입는다
골골이 깊어지는 산 그림자

쭈글한 흙 끼인 손톱으로
기억을 벗겨내던 노파의 자리에
꽃 길 하나 열어놓는다
고독한 여름 밤
별이 흘린 눈물 자욱 흥건하다

가는 귀 먹은 갈매기

물비린내 흠씬 나는 선착장
생선 눈알 찔러보는 쇠파리를 표정 없이
손사래 젓는 노파
오이지 같은 손등에 파란 혈맥이 드러난다
쑤시는 관절 두드리며 힐끗 하늘을 본다

불콰하게 눈에 핏발 선 사내
간밤 먹은 소주가 길바닥에 그대로 고꾸라져 있다
갯벌 막아 사람 냄새로 들끓는 바닥
오질 없는 가시내들 수캐 오줌 지리듯 헤실헤실 웃음을 흘리겠지
해삼 한 접시 소주 한 잔이면
갯벌 같은 끈끈한 삶이라도 족하다던 남정네들
밤을 삼켜버린 거리를 게게거리며 떠돌 것이야
목관처럼 누운 방파제 물 위에 어릿거리면
갈대들 갯바람에 수런거리고
해풍에 휘인 소나무 잔등 같은 싸아한 아픔이 물주름으로 접혀온다
육중한 포크레인 소리에 가는 귀 먹은 갈매기
머리카락처럼 풀어헤친 수초 위에 끼룩거린다

선착장 귀퉁이 젓갈, 무료한 한낮 저 홀로 곰삭아간다

술 취한 불빛이 공중에 매달린 채 바다를 향해 무수히 곡예를 하면
가는 귀 먹은 갈매기 긴 울음을 토해낸다

폐선

화덕처럼 지글거리는 햇살
오수를 즐기는 폐선
오랜 시간 오고간 말들이 만조를 이루었다가
둘둘 멍석처럼 말려간다
갯지렁이 질질 장마철 배탈 난 아이 같은
설사를 한다
헛걸음만 팔고 돌아오는
질척이는 발자국에 수액처럼 세월이 쌓이고
생의 막장에서 밀려오는 아픔
여기저기 검버섯 돋은 얼굴 가득
썰물처럼 드리운다
예기치 않은 야시비에 개망초 휘청거리고
굽은 잔등에 허물어져 내리는 노을
자글자글한 갯벌
가로질러 눈 먼 새 줄창 운다

이종섭

1964년 경남 하동 출생
2007년 『시와창작』 신인상

산길

길이 없는 산이라도
짐승들은 길을 잃지 않았다
길을 내기 위해 깎아내린 언덕
파헤쳐진 흙이 짐짝에 실려
흙가루 날리며
먼 노역장으로 끌려갔다
바람이 불어올 때마다
저린 몸을 뒤척이며 신음하는 산
어린뿌리들도 무서워 떨어
산은 어떤 길로도 내려갈 수 없었다
날마다 산 아래만 살피며
뒷걸음질쳤다
짐승들도 길을 잃고 밤마다 울었다

백열등 한 알

검은 탯줄에 매달려 있는
새알 하나

밤마다 부화를 꿈꾼다 가수면 상태인 무정란의 슬픔이 바퀴도 없는 페달을 밟는다 빛의 조각들을 주워 집으로 돌아가는 길 회오리바람 머물다간 구릿빛 양철지붕의 빈집은 마른 잠만 자다 밤이 되면 슬며시 일어나 대문 밖에 조등을 내걸었다 태어나자마자 시력을 잃어버린 그의 안구는 날마다 불을 켰다 껐다 반복했을 뿐 한번 들어간 집에서 나오지 않았다 창살 없는 새장이 울고 있는 새벽 임시로 설치된 합동분향소에서 아직 남아있는 몇 인분의 불을 밝혀 산 자들의 목숨을 확인하는 시간,

어미새는 끝내 나타나지 않았다

쓸쓸한 뒤편

뒤편이 없는 꽃
사람 손이 닿자
쓸쓸한 뒤편이 번진다
뒷모습을 볼 수 없어
뒤가 얼마나 중요한지 모르는 사람
꽃을 꽂으면서도
뒤편을 지켜주지 못하고
뒤로 사라지는 길의 눈물도 모른다
마을까지 내려온 산그림자를 붙잡고
몰래 흐느끼는 사람의 뒷길
뒤란이 있는 집은 바람도 맑다
뒤를 돌아봐야 쉴 수 있는 길에
꽃잎 한 장
제 뒤를 보며 떨어진다

조팝나무

흰 멧새가
하늘로 사라졌다

배고픈 뿌리들
밥꽃을 흐드러지게 피웠다

먼 하늘가
불쏘시개 없는 어둑한 아궁이 앞에서
길을 잃고 쓰러지신 어머니

하얀 밥 소복이
꽃으로 피었다

자반고등어 한 손

아내가 고마워 살맛나는 밤이다

이불은 바다가 되고
수면 아래 깊이를 알 수 없는 곳에서
헤엄을 치는 고등어 두 마리

격한 파도가 잔잔해지고
밤바다는 소름 돋게 푸르렀다

한 날 한 시에
손잡고 같이 가자던 고등어 부부
약속대로
하나가 다른 하나의 등을 안아주고 있는 것이다

합장은 고등어의 오랜 풍습

밤바다를 좋아하는 아내의 등이 푸르다

강장江葬

강변에 박혀있는 폐타이어
아직 뜬눈이다

그늘 한 자락 없는
이곳까지 누가
노모老母를 업고 왔을까

자식 등에
흰 머리카락을 묻은 날
잔물결 이는 강변에는
눈먼 달맞이꽃 피었다

아들은 그 꽃길을 따라
무사히 돌아갔을까

바람만 드나드는 구멍 속에
물 비린 저녁이
조약돌을 재운다

김장

한 세상 잘 살았다며,

허리를 묶은 채 속살을 통통하게 찌웠던 가을배추가 긴 겨울잠에 들어가기 위해 털갈이를 하는 계절입니다 살갗에서 떨어져 나온 거친 피륙은 살아있는 동안 뿌리를 내렸던 터전에 누워 차가운 쪽의 상처를 어루만지고 있습니다 희고 노란 속살이 부끄러운 듯 빳빳한 몸뚱어리는 동짓날 대문처럼 붉은 염료를 뒤집어쓰며 제 삶의 안쪽으로 추억을 끌어 모아 베개를 삼습니다 남루한 것들을 미련 없이 벗어던진 자만이 정갈한 육신 하나 얻을 수 있는 법, 곱게 늙으라며 향료 한 줌 발라주고 봉숭아 꽃물도 들여 주고 꽃 보자기도 씌워줍니다 파묻어둔 옹관 속으로 들어가 잠이 든 김장김치의 숨소리가 포근한 밤,

쉿!

기나긴 동면이 시작되는 순간입니다

시에 체하다

자기가 세상에서
제일 큰 동물이라고 생각한 고래 한 마리
바닷물을 모두 마셔버리기로 했어요
바닷물이 없으면
살 수 없다는 것을 알면서도
그런 무모한 결심을 하고 말았죠
어떤 전설적인 고래는
바닷물을 다 마시고도 오래 살았다지만
보통 고래들이야
배가 터져버리지 않겠어요?
한 모금 먹으면
다시 한 모금 내보내면서
그렇게 호흡하는 법을
언제쯤 깨닫게 될까요
그게 바닷물을 다 마실 수 있는
유일한 방법인데요

백미경

1971년 전북 전주 출생
2003년 『믹스앤매치』 신인상

오래된 산

동 트기 전부터 차비를 하던
노인은 그림자 하나 챙겨 오지 못한 채 산에 오른다
행여 무거울까 나서지 못한 그림자
노인은 귀찮아할까 묻지 않고 서리처럼 살금히 땅을 밟는다
걸을수록 각질 하얗게 부스러지는 땅
굽은 등허리가 찬 기운 밀리도록
오르다가 만난 오래된 약수터
말없이 서서 밤새 쌓아 둔 시원찮은 오줌을 눈다
노인은 다 퍼낼 수 없는 오래된 구취를 뿌리며
소나무에게, 잡초에게, 다람쥐에게
바가지 가득 아침을 나눈다
고봉으로 퍼올리는 햇살
노인이 눈을 감고 바라보니
달려온 그림자가 아기처럼 매달린다
얼르며 업고 내려오는 아침
길 뒤로 산이 따사롭다

홍어

아버지가 장독으로 들어간다
고요가 절은 골목

팔다리 고이 접고
맨발에 맨몸이 되어
겨울 지나 봄과 함께 날아온 더께를 입고 눕는다
햇살 주사 한 대 맞고
꼿꼿이 쏘아 보던 눈을 풀어

침묵의 호흡법을 준비하고
탱탱히 밖으로 밀쳐내던 살갗도 풀어
어둔 그늘을 받아낸다
온몸에 돋은 멍처럼 찌든 검버섯
링거를 따라 흐르는 핏줄 끝에서 찐득하게 고이는 온기
방문객이 사온 싱싱한 주스 향기가
찰진 공기를 잠시 휘젓는다
창 너머의 잎들은 바람처럼 흐드러지고
아버지의 신음은 파도처럼 나부낀다
빽빽하게 돌아가는 위로
부푼 몸을 일으켜 세우니

허연 침상들이 나자빠진 장독 안
웅크려 누운 삭힌 냄새 코를 친다
눈이 따가워진다

발

먼 데라도 다녀온 발처럼 길이 어지럽다
길 끝에서 돌아온 날과
길이 없어도 넘어선 날이
발에 새겨진다
포기해 버리고 돌아선 길의 파편들이
발꿈치에 굳은살로 박혀
오래 걷던 밤에는 침처럼 쏘아댄다
길이 아닌 곳을 다니면서
무참히 짓눌러져 충혈된 여린 살들
그 위로 하얀 길이 난다
습관처럼 걷던 길이 바람에 베이고 굵게 패일수록
피딱지 하나 없이 딱딱해지는 하얀 발이 된다
서너 길만이라도 정리해보고 싶지만
발 뒤편에 길이 난다
가보고 싶지 않은 곳에 소리없이 길이 난다
고통에도 무뎌지는 발이 된다
발이 차다

죽부인

남편이 죽부인을 사자고 한다
키만 한 죽부인은 뼈대만 앙상히 남았어도
기어코 남편 품을 파고들 것이다

어릴 적 삼천포의 바다처럼
근원을 알 수 없는 비릿한 냄새를 풍기며
누가 먼저인지 모르게 서로를 끌어당기며
입속에서 바다의 아침과 고래 한 마리를 울컥 뱉어
몸뚱이에 박힌 저물녘 전봇대를 삼킬 것이다
하늘로 쏘아대던 전파의 먹먹함
파도가 지난 갯벌처럼
붉은 몸은 푸르러지고 잠잠해진다
꿈꾸는 빛들도 사라지고
깊은 침묵이 한층 쌓일 몸

대숲의 바람은 사르락 사르락
기꺼이 수신된 전파가 되어 남편 가슴에 휘몰아치겠지

허파 가득 바람으로 숨 쉬는 죽부인

안테나

우리 집 옥상에 세워둔 커다란 고래
훈장처럼 하얀 뼈가 될 때까지
그림자는 앉았다 일어섰다 춤을 추고
바람이 길어졌다 짧아졌다 물살을 일으켰다
풋것들은 수줍은 미소를 버리고 가거나
옷들은 얼룩을 말렸다
간간이 소나기 지나가던 날이면
고래가 자리를 잡지 못하고
방 안 우리들도 자리를 잡지 못했다
불콰하게 술 오른 아버지는 허공을 씹으며
맴맴 제자리를 돌았고
고래의 이 가는 소리가 밤새 머리맡에서 들렸다
폭풍우 요란하던 밤길에 고래는 지느러미를 찢겨
갈 방향을 잃어버리고 하루 종일 퍼덕이던 날,
집 안에 남아있던 우리도 죽은 듯 먹먹했다
그의 침묵은 우리에게 두려움이었고,
그가 수신해서 전해 준 해저의 전파는
어린 우리들에게 가장 탐스런 산호였음을
그는 몰랐을 것이다
우리들도 사실 그의 전파를 혼동한 적 많았으니까

살이 뼈가 되고 뼈가 녹이 되고 녹이 흙이 될 때까지
우리 집 옥상엔 고래 한 마리 물살을 가르고 있을 것이다

어머니의 시

어머니가 그려놓은 식탁 위로
어둠이 가시처럼 박힌다
몇 번의 수정과정을 거쳐야
끓는 정도를 구별해 낼 것인가
혓바닥에 얹은 곰솥 더미 위로
뽀얀 얼굴이 귀신처럼 샌다
귀신이 달려들면 금방이라도
넘치는 혈기를 부어내야 할 듯 급해지는데,
어머니의 습관처럼 익은 장을 한번 붓고
또 얼러대면
울음을 그치는 것은 국물이 아니라 어린 나다
재촉하며 맛보다가 쉽게 데어 버리는 자식들
너무 빨리 걸어왔기에
너무 빨리 잊혀진 길처럼
혀끝이 아뜩해진다
푸다만 시가 뚝뚝 떨어져
멀건 자국을 남기고
허기진 어머니의 식탁 위로
밤이슬 내려 향기를 적신다
오늘도 구름에 가린 달 속

희미한 어머니와 함께 지새워야 하나보다

나비장

소파와 함께 들어온 빨간 나비장
늙은 어미의 살갗처럼 시들었던 벽 한쪽이 붉어진다
군데군데 검버섯 같은 얼룩을 닦다보니
모란 꽃잎이 찢겨져있다
먹이인 양 꽃을 찾아나선 나비의 더듬이도 속을 보인다
배달부의 실수였을까 서툰 칠 때문이었을까
밭일로 반쯤 닳은 엄마의 매니큐어처럼
무뎌진 더듬이라도 내세워
정열의 흔적 속으로 날아든 게 아니었을까
벗겨져 날아간 시간
형체를 가늠하지 못한다
빨간 매니큐어를 바르고 빨간 립스틱을 칠한
흑백사진의 그녀처럼
엄마의 붉은 더듬이가 퇴화되어 화석으로
벽 속의 그림을 덧칠한다
내 손가락에도 문신처럼 붉은 피가 돈다

환풍구

오르락내리락 거친 숨
남은 기운을 쏟고 있는 저 구멍
검은 때 같은 칠십 해를 걸러내며 살던 구멍으로
그림자는 얼룩을 만들고
햇살이 조심스러운 주름을 이룰 때
무심히 서 있던 생의 소리가 탁탁거린다
가고자 하던 길과 돌아와야 하는 길이 맞물려
이편과 저편으로 갈라져 있음을 감지한다
바람이 불어
사정없이 돌아가는 환풍구
늙은 아버지처럼
굽은 날개 사이로 넘기지 못한 찌끼들이 걸리고
가슴팍에선 돌보다 더 무거운 침묵이 고여
멈추는 시간이 길다
듬성듬성 등을 기대는 여린 바람
햇살을 바라보며 덩그러니
먼지가 쌓일 오늘 하루

김 영 金鈴

1959년 서울 출생
2004년 『창조문예』 등단

비 멎는 저편

사선으로 부딪는 빗줄기
짓무른 길에 웅덩이를 만든다
긴장의 매무새 느슨해
마음 두드리며 말을 거는 비

무성한 그리움이 물기둥으로 일어나
숲길을 자분자분 따라 나선다
어디였을까,
생의 한 자락 여미며 지나온 곳
거기서 잃은 조각을 찾아 다시 걷고 싶다

자투리도 아름다운 줄 깨닫기까지 굽은 길을 돌아야 한다

흙에 얼굴 부비고 스며드는 비
상념 우산을 접고 보니
버드나무 머리칼이 온통 보석이다
비 멎는 저편, 나드*향이 진동한다

*나드 : 히말라야 산맥의 고원 초지에서 자라는 향기로운 풀에서 짠 값비싼 향유

정동진

북극성을 꼭짓점 삼은 삼각형은
변수를 만나 수없이 모양이 바뀌지
우주 유영하던 컴퍼스가 좌표를 잃으면
모눈종이 툭툭 털고
원시原始와 마주서 심호흡을 하는 거야
둥근 흙에 발 딛고 자라던 초록이
묽어진 자양에 생기를 잃은 날,
청춘은 목마름을 주머니에 넣고
밤을 달려 정동진으로 가는 거지

동트기 전 스며드는 삼삼오오
수평에 기대어 출렁이는 어스름
어둠의 빗장에 빛의 파고가 솟구쳐
붉은 향이 '훅' 하고 밀물되어 왔지
심장에서 온몸으로 전이되는
분홍 스펙트럼의 황홀경
서로를 그러안고 맞이한 새벽은
삼각형 꼭짓점으로 떠오르는 일출을 보는 거야

혀끝 알싸한 저녁 언덕에서
아슴아슴한 정동진을 꺼내봐

눈물이 노을에 앉은 자리, 꽃대가 올라오지
일몰의 자리에서 일출의 하얀 목덜미를 보는 거야

장롱

서랍 안을 손으로 쓸어본다
오래된 숨결이 묻어난다
청동 장식이 깨진 문고리
벌어진 문틈으로
높새바람 불고 눈송이가 날린다
하안동 비탈에 찍은 신혼의 판화처럼.
고단한 철부지를 투덕거리며
머리맡을 지키던 야트막한 동산
허방 짚는 하루를 부축하며
시간 검불로 엮은 기도하는 성소.
살얼음 실개천이 내뿜는
훈김으로 이불장 바닥은 따스하고
서랍이 토하는 은은한 종소리에
디딘 발자국마다 꽃잎 소복이 내려앉는다
사람 체취 날아가 허허로운 공간
숲으로 돌아가는 문에 기대어
어린 소녀와 눈 맞추던 시절로
나무가 저벅저벅 걸어든다
생애 처음 바탕과 이어지는 길로

담장

산수유 노란 꽃망울 터트리는 봄날
자목련은 상아빛 저고리 자주 끝동이다
등덜미 나른해 기지개 켜는 담장이
꽃을 앞세운 배경인 채 흐뭇하다
몇 번이나 누군가의 든든함이 되어주었던가
귀에 담은 식솔의 흉금 뒤란에 묻고
바구니에 뜯어 담은 쑥을 맡으며
얼어붙던 겨울을 견디고
생명은 파릇하게 움트는 것이라며
한 뼘씩 길어지는 볕을 묵상하고 있다

마을그림자 비스듬히 눕는 해거름
일상을 감도는 먼지바람에
가벼운 몸살 기운 느껴 이마 짚으면
마당 댓돌 어수선한 신발이
저마다 하루 멀미를 한다
식은 땀 흘리며 저녁별 돋는 기척에
남몰래 돌아눕는 담장
부엉이 울음 섞인 불면을 더듬어
봄밤의 나이테를 어렵사리 그리고 있다

분갈이

여러 해 전, 골목 어귀 꽃시장에서 군자란 모종을 데려왔다 나란한 잎이 획을 그은 허공에서 희끗한 눈발 날리던 정월, 베란다에 켠 주홍빛 燈은 뭉클한 감탄사였다

대지에 젖줄을 대었노라 안심하던 그, 뿌리내린 흙은 손바닥만 한 화분일 뿐이라고 느닷없이 통고 받은 오후! 나는 군자란이 자생하듯 퍼트린 어린 포기를 서넛을 나눠 배양토 넣고 분갈이한다

외풍 없는 아랫목; 가장의 붙박이 같은 행로와 닮기도 한 군자란 습성을 떠나 생의 질긴 야성을 회복하리라 믿어보는 새벽, 신열 앓는 옹기에 땀이 밴다

아버지의 낮잠

바다를 건너온 거룻배 한 척
푸른 등지느러미 조타 감각이 무디다
진이 다 빠진 육신을 소파에 부린 채
돋보기 코에 걸고 곤하게 잠을 잔다
파도 짙푸른 시절, 어느 마디에
꽂은 깃발 휘날리며 거니는지

풋내 나는 스물이
옹기 깊이를 갖게 한 여인의 지아비
눈물 우려낸 진국으로 상 차려
풋풋한 하루를 기지개 켜던 너른 마당
기억의 뜰 점점이 물들인
노을빛 내리사랑 꽃잎들

하얀 캔버스에 목탄으로 데생하듯
넓은 스케일, 엷은 밑그림 그리고
살포시 잠든 노년의 항해
묵은 소라고둥이 간직한 먼 바다에
물결치는 햇살 한 묶음

로드킬

속도의 뒤편으로 가라앉는
고라니의 선한 눈망울

먹이와 습성 따라 이동하는 관목지대
숲길을 가로지르는 회색 등뼈가 낯설다
사나운 바퀴에 밟혀
도로에 개망초 꽃잎처럼 흩어진다
길 건너편을 지척에 두고
가여운 발이 부르르 떤다
눈부신 헤드라이트에 주춤거린 잠깐이
목숨 저편 갈림길인 줄 모른 채.
늦은 후회가 달무리처럼 핀다
속도가 미덕인 시대의 밤
내리막에 못 박힌 슬픈 운명 고라니

숲 속 적막함이 쓸쓸해
달맞이꽃이 조등弔燈처럼 흔들린다

넥타이

높낮이 조절 사무용 의자 숲
버티컬 블라인드가
퇴근 무렵의 석양을 뒤적거립니다
프레젠테이션하는 그의 가슴
물방울무늬는 입사동기,
그 영원한 맞수의 끈끈한 견제를 봅니다
에버랜드 동물 사파리를 아십니까?
버스 모는 기사 앞에 출몰해
건빵 달라고 조르는 덩치 큰 곰처럼
다이어리가 그렇게
약속한 지점에서 먹이 던져주듯 넘어갑니다
오늘이 말랑하지만은 않아서
온종일 잠자리 겹눈을 하고 동행했지요
헐거운 저녁
서늘한 어깨를 아내가 안았으므로,
그는 햇살 꽃잎
눈부신 내일을 열 것입니다

날씨 혹은 기분을 대변하는 입술입니다

조수일

1964년 전남 나주 출생
2004년 『창조문예』 등단
2006년 기독공보 신춘문예

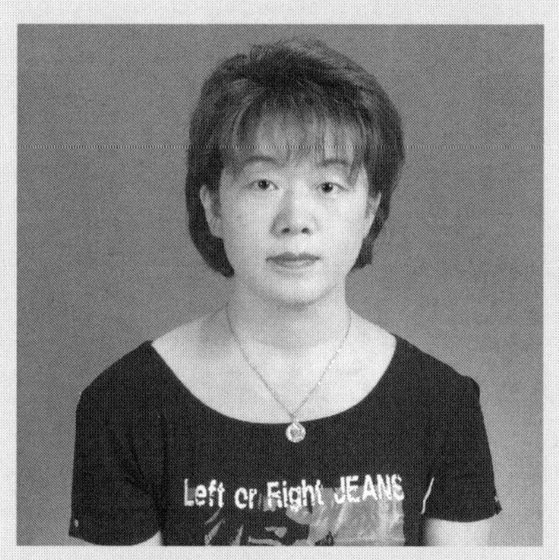

능소화

붉은 담장 뾰족이 솟은 쇠창살 타고 능소화, 흐들히 피었습니다

아찔한 생의 벼랑을 더듬더듬 한 땀 한 땀 오르는 아비의 발꿈치가 보였습니다

훅,

바람이 불어 왔습니다

입속 많은 말을 가둔 채 능소화 뚝 뚝 떨어졌습니다

눈 뜨고 죽은 아비의 사체가 소복했고 즐비했고 낭자했습니다

참새 몇 마리, 주홍빛 꽃 톡 톡 쪼아댔습니다

선홍빛 피 범람하여 강물처럼 잠겨 갔습니다

가뭇없이 유년이 사라졌습니다

겨울 숲처럼

유리병 가득 갈색 빛, 널 가두었어
뚜껑을 열어 두었어
침대 맡이 그윽해졌어
넌 밤마다 내 머리맡에서 분주해졌어
다습한 열기를 가득 문 바람을 몰아오기도 했어
정글 같은 열대림, 그 무성한 향을 빛처럼 쏟기도 했어
둥글고 빨간 알갱이, 입술처럼 고혹스레 무르 익어갔고
난 친절히 익숙해져 갔어
어느 날부턴가 우린 당연해졌고 잠잠해져 버렸어
불탔던 도취마저 푹 시들어 버렸어
나날이 늙어 갔고 나날이 지루해져 갔어
추억은 겨울 숲처럼 와르르 무너져 갔어
세상은 현란했어
세끼 밥 먹는 게 너무 바빴고 분주했어
신호등은 늘 눈앞에서 빨갛게 깜박였고
방지턱은 무수했어
겨울 숲처럼 무너진 네가 만져졌어
눅진눅진 덩어리진 고약 같은 네가 있었어
호리병 속에 갇혀 쏟아질 수도 없는 너,
까맣게 졸아든 심장이 거기 있었어

덧쌓여 응고된 그지없이 단단해진 내 그리움 체취로

청보리밭에 서서

오월, 청보리밭에 갔네
햇살은 혼곤히 갈라져 내리고 있었네
수많은 인파들이 보리밭에 서서 혹은 보리마냥 키 낮춰
보리피리를 불며 추억을 불러들이고 있었네

해거름녘이면 어김없이 골목에서 노는 아일 불러들이던 조모가 웃고 있네
돌확, 아이의 손끝을 몇 번이고 짓이겨 놓곤 하던 보리쌀 그 텁텁한 소용돌이를 기억하네
손끝 팅팅 불어오를 즈음에야 빳빳한 삭신을 버리고 온순해지던 거룩했던 식량을 기억하네
손아귀에서 입속에서 미끌미끌 추어처럼 잘도 빠져 나가던 매 끼, 뜨거움을 기억하네
장독 귀퉁이 돌확 언저리에 감질나게 내려앉던 토막 난 흰 햇살을 기억하네
돌확 속에서 게워내던 보리의 눈물이 아이의 눈물 같기도 했던,

뭉텅 지워졌던 시간들이
청보리밭 가시랭이 끝에서 맑은 웃음 가득 한들거리고 있네
남루함들, 발밑 그리움으로 돋아나네

할미꽃, 신호등 건너다

봄빛에 꿈뻑 졸던 사이 허리, 기역으로 휘어진 할미꽃 한 포기
신호등 건너고 있네

황급히 몸 일으켜 나오느라 함께 딸려 온
어느 산기슭 뿌리 담궜던 보슬한 흙들
발자국 따라 도로 위로 보랏빛 꽃잎들 큼직히 찍혀지네

한 생, 앞서 끌고 가던 마른 지팡이
가쁜 숨 몰아쉬며 따라오는 기역으로 꺾인 생의 음소 끝
서글픈 육신의 쇠잔함 그 끄트머리를
멈춰 서서 돌아보고 서있네

해가 다 기울어가고 있네

차 안에서 깜빡깜빡거리는 초록등 점멸할까
애 태우는 발밑으로
어둠, 물컥 밝혀지네

소금꽃

거목이 쓰러지듯 쿵, 소리가 났습니다
책상 귀퉁이 매너모드 중이던 핸드폰이 울다 지쳐
바닥으로 추락한 모양입니다
드르륵거리던 마지막 신호음을 듣긴 했습니다
손끝으로 전해 오던 약진 따라 눈이 갔을 땐
이미 깜빡이던 빨간 비상등이 점멸하는 순간이었습니다
손을 뻗치려 했을 땐 모든 상황이 정리된 후였습니다
부르르 온몸을 떨며 절박함을 알렸을 눈빛을 떠올립니다
내겐 잠시잠깐이었을 한 눈 판 순간이
그에겐 손끝 저린 영원이었던 것을 생각합니다

나무 둥치처럼 쓰러졌다고 했습니다
세수를 하려 했는지 몸을 구부린 채 눈도 감지 못했다고 했습니다
집안 가득 울려대는 전화기를 향해 얼마나 손을 뻗치려 했는지 오른손은 화장실 문턱에
걸쳐 있었다고 했습니다
일으켜 세웠을 땐 푹, 한숨을 몰아쉬었을 뿐, 그뿐이었다고 했습니다
눈 끝엔 하얀 소금꽃 같은 눈물이 말라 피었더라고 했습니다

손으로 돌아온 핸드폰은 다시 울지 않습니다
절박한 울음 울어 뜨거웠던 육신이 다 식도록 신호음은
막막함 붙들고 어데서 울고 있는지
기다려도 더 이상 울리지 않습니다

신사임당 동상

교정, 후미진 대나무 숲 아래 당신을 보았습니다

푸른 이끼들이 살갗으로 덕지덕지 내려 앉아있습니다

세월이 저 홀로 흔들리고 있습니다

이름 모를 잡목풀들 무성했다 사그러졌다를 얼마나 반복했을까요

현모賢母도 사라지고 양처良妻도 사라졌다 했습니다

부스럼딱지마냥 청동 귀퉁이, 삭아 내리고 있습니다

한 시절을 풍미했던 당신의 풍성했던 옷깃을 슬몃, 만져 봅니다

처연히도 몰입했던 기억이 띠풀처럼 발목을 감아 옵니다

알싸했던 잠깐의 칼날 끝 창상, 누가 넘어지고 누가 감겼던 것일까요

당신은 이끼 털어내며 멀리 세상을 건너보고 있습니다

바람이 자꾸 당신 발부리 청동을 깎아 먹느라 숨죽입니다

흰 망초꽃들 시들어가는 소리만 발밑 가득 깔렸습니다

등을 보인 누군가 지금 귀퉁이 걸어 나가고 있습니다

유성우로 흐르는

노을이 석류 속살마냥 붉게 타오르고 있었어요

보릿짚 불 활활 타오르는 초여름 밤 들녘이었지요
은빛 비늘 막 털어낸 인어의 희고 미끈한 하체 같은 요염한 보릿대들,
호르륵 피어오르던 불.꽃.춤.사.위.를 기억하시나요

휘황스런
그 푸르고 형형한 당신 눈빛 속으로 난, 걸어 들어 갔어요
어둠 속으로 말려 가려던 하늘 한 귀퉁이, 풀무처럼 벌개지고 있었지요
살점인 양 축축하던 내 안의 습기들 너울너울 춤추기 시작했어요
늘 스멀스멀 가라앉던 목선 한 척,
삐거덕거림을 멈추고 고물 추스르는 소리 들려왔어요

보릿짚 덤불 속 푸른 심장인 보리 알갱이 별빛처럼, 폭죽처럼, 터졌어요
들불처럼 들녘 가득 당신은 타올랐어요

당신의 희디흰 이마에선 푸른 빛 알갱이들 무리지어 쏟아졌지요
지친 당신을 두 팔로 받아 허기진 내 우리 안에 꽁꽁 가뒀을까요
형형한 눈빛 따라 잊지 못할 곤한 잠을 논둑 길게 눕히기도 했던가요

새벽녘이도록 가슴 적시며 유성우로 흐르고 흘러 지금껏. 빛인 당신,

동백나무 아래 꽃무릇

동백나무 발등 아래 누름히도 건조한 맨땅 위로
예닐곱 촉의 꽃무릇 흐뭉히도 피었습니다

연초록 가녀린 줄기 타고
붉고 가녀린 혀, 쑥 내밀고 외따로, 외따로, 피었습니다

벌건 슬픔 오래 울어온 듯 붉은빛 끝 테두리 희끗 엷어지고
있습니다

벙그러진 꽃수술 틈새에서 한 사내, 짐승마냥 뜨거운 울음
울고 있습니다

사는 게 사는 게 아니듯
몸만 모로 움직여도 앙상한 손끝 타고 벌건 육탈물 똑똑 흐
릅니다

단 한번, 진흙뻘에 발 하나 빠졌을 뿐인데
속죄하는 양 한 철 다 탕진해 버린 등 굽은 그가 주름져 옵니
다

이미 창궐해 버린 내 이마 그리움의 열꽃, 흉터없이 사그러 들거든

나, 꽃무릇마냥 다시 한 철을 기다리고, 기다리겠습니다

김현진

전북 익산 출생
2006년 『창조문예』 등단

자라나는 소리

성하의 계절 내내
무성한 당신의 풍문으로
이명耳鳴을 앓았다

한 번도 펼쳐 보이지 않았던
갈매빛 눈시울로 깊어지던 계절 자락

한 번도 옳아본 적 없는 평판으로
나는 스러지는 빛,
향방 없는 소리의 수근거림

오래된 소문 하나
오늘은 귀를 열어
당신을 향해 돌아눕는다

동백꽃 추억

남녘의 바람은 소리부터 달라
바람이 물처럼 찰랑거리지

스무 살 봉오리로
처음 그 산천을 겪기로 마음먹었을 때
동백꽃 숲 속을 지나는 얕은 햇빛에도
뚝뚝 촛농처럼 녹아들고 싶었지
바다를 가슴에 품고 부푸는
네 건장한 심장소리에 밀려
이 땅 끝에서
최후를 마치려 하였지

황금 같은 언약도
떨어지는 꽃잎 하나
흩어지는 바람 한 줄기
동여매지 못하더라

철 지나고야
더욱 삼삼한 남도식南都式 사랑가
우리는 어느 산천에서
다시 피어날 수 있을까

모세혈관에 갇힌 사랑에 대하여

나는 너무 오래된 그림자다
진정 어둠으로 깊어진 적이 없다
허름한 기억들을 지붕으로 얹혀 두고
상상은 겸연쩍어 몇 번 하지 못했다

잘 생긴 꽃도 아니고
햇볕 고루 바른 돌멩이도 아니고
어느 약초 잎을 궁구는 이슬도 아니어서
나는 날 항상 낯설어 한다

그러니
함부로 사랑을 발설한 나를 용서하라

파란波亂한 9월을 기다리며

하늘과 땅 사이에
물 잘 먹는 종이가 생겼다
볕 바른 산비탈 어느 무덤 위에도
풀물처럼 녹아 번진 생전의 낮은 보폭들
오늘은 죽은 자가 살아남은 자를 향하여
그만그만한 치열함과 옹졸함으로
얼룩진 과거를 내보이며 웃는다
물 먹은 웃음이
무게 중심을 잃고 기우뚱거린다
싱거운 웃음과 싱거운 한 생애가
우주의 기억 속으로 녹아들었다

나는 하늘 위에 길을 낸다
여름 열매들이 천둥소리를 내며
빛보다 빨리 계절을 향해 쏜살이 되었다
나를 앞지른 과즙의 분홍이 잇몸을 드러내며
농밀하게 물들고 있다
파스텔 풍으로 녹아내리는 욕망

새벽녘 민물내 넘치는 그리움이 생겼다

그림자보다 짧은 한 생애가
맨몸으로 기우뚱거린다
누가 마른 기침으로 물 먹은 듯 고요한
이 한 계절을 조각내려 하는가

하늘과 땅 사이
물 잘 먹는 종이 너머
그 종이에 부딪쳐
스스로 녹아버릴
9월이다

내가 바로 당신입니다

한 번도
활강의 기억이 없는
초라한 깃털
그대가 켜 놓은
빛나는 시간 앞으로 날아듭니다

어떻게 하면
그대를 바라볼 수 있을까
무슨 말로 떨리는 입술을 가리울 수 있을까

그대가 알아차리지 못할 만큼씩
그리움의 키를 자라게 하고
기다림의 터를 넓혀 나가고

퍼즐을 맞추듯
그대의 봄물결 같은 웃음소리와
바람결에 전해 준 서늘한 눈인사와
눈물 글썽인 노랫말들
하나씩 떠올리며
그냥 잠잠하기로 했습니다

그냥 잠잠하기로 했습니다

림프선이 전신주처럼 잉잉대는 오후

그랬다
욕실엔 창문이 없었다
환풍기가 생의 수레바퀴 속력보다
더 지진한 모양이다
흐려진 거울들이
그 반투명한 인상으로
삶의 둘레를 부식하려 든다
숨결조차 버거운 하루
숲이란 숲은
다 지나온 새처럼 헐떡인다
가끔 인동의 열매를 쪼아 댄
골격을 무너뜨린 불손한 바람 한 점
귓가로 쏠리고
달팽이관은 예민해졌다
피부를 뚫어 피어싱하는 햇볕
가시광선에 노출된 마음
씨실과 날실 위
방류된 너
깃털 속의 더 보드라운 깃털처럼
바람 속의 더 작고 외진 바람처럼

발렌타인 오후

1

여기는 바람도 닿지 않는 극지
서너 가지 엉겅퀴 마른 잎새, 아슬한 별빛
푸른 숲길도 짐승의 발자국도 없다
하얗게 야윈 미열의 안개에 적셔
버려진 백골 한숨 토하는 곳
끝내 오지 않을 지난 시절의 하소연
지독히 순결한 나의 신부는
십자가에 못 박힌 무지개로
다시 피어나고

2

초콜릿 대신 시집을 샀다
아버지 같은 청보리가
돌아오는 완행버스 차창으로 깜부기를 날렸다
너는 나를 버리고
나는 너를 잊어도
가난한 시름은 부황 난 낮달로 기울고

정오의 꽃밭

햇볕은
잿빛과 초록의 짓무름
나는 대기大氣와 함께 향기롭다

먼 곳 아지랑이로 반득이는
새의 지저귐
일체를 뒤흔들다 침묵하는
심연深淵의 자장가
상념은 한 오라기 시구詩句와
상냥한 바람의 시간을 맴돈다

이끼와 풀잎 아래
자유는 맨발로 적나라하고
볼이 붉은 목숨들
존재의 고갱이를 향해
점점 치열한 몸짓으로 덤비는

정오엔
꽃도 피지 않는다